Códigos y husos horarios

Heather E. Schwartz

Asesor

Brian Allman
Director
Escuelas del Condado de Upshur, Virginia Occidental

Créditos de publicación

Rachelle Cracchiolo, M.S.Ed., *Editora comercial*
Emily R. Smith, M.A.Ed., *Vicepresidenta superior de desarrollo de contenido*
Véronique Bos, *Vicepresidenta de desarrollo creativo*
Dona Herweck Rice, *Gerenta general de contenido*
Caroline Gasca, M.S.Ed., *Gerenta general de contenido*
Dani Neiley, *Editora*
Fabiola Sepulveda, *Diseñadora gráfica de la serie*

Créditos de imágenes: pág.6 Library of Congress [LC-DIG-stereo-1s05807]; pág.7 Library of Congress [LC-DIG-stereo-1s11312]; págs.8–9 Library of Congress [LC-DIG-hec-04117]; pág.10 Alamy/Naum Chayer; pág.11 Alamy/Everett Collection Inc; pág.12 © Copyright The Carlisle Kid; pág.13 Library of Congress [LC-DIG-ds-04874]; pág.16 Library of Congress [LC-DIG-matpc-03579]; pág.17 Library of Congress [22LC-DIG-ppmsca-56568]; pág.19 Library of Congress [LC-DIG-ppmsca-55692]; pág.20 (superior) Library of Congress [LC-DIG-ppmsca-51737]; pág.20 (inferior) Library of Congress [LC-DIG-hec-15268]; pág.23 (superior) © British Postal Museum & Archive/© Royal Mail Group Ltd 2022 cortesía de The Postal Museum/Bridgeman Images; pág.23 (centro) Alamy/Jim West; pág.25 (superior) US Postal Service; págs.25, 29 US Postal Service; todas las demás imágenes cortesía de iStock y/o Shutterstock

TCM Teacher Created Materials
5482 Argosy Avenue
Huntington Beach, CA 92649
www.tcmpub.com

ISBN 979-8-7659-6036-3

Printed by: 51497
Printed in: China

Tabla de contenido

¿Qué son todos esos números?............ 4

La vida antes de los códigos y los husos horarios 6

El origen de los husos horarios 12

Descifrar los códigos 16

Conocer los códigos........................20

Convencer a los clientes..................24

¡Los números funcionan!..................26

¡Haz un mapa!...............................28

Glosario 30

Índice 31

¡Aprende más! 32

¿Qué son todos esos números?

Todo este tiempo has vivido dentro del sistema de **husos horarios**. Es probable que más de una vez marques **códigos** de área cuando llamas por teléfono. Y muy probablemente sepas cuál es tu código postal. Pero ¿cuánto sabes sobre cómo nacieron esos sistemas? ¿De verdad entiendes cómo funcionan los husos horarios, los códigos de área y los códigos postales?

La mayoría de las personas no saben cómo funcionan estos sistemas, sino que los usan sin preguntárselo. No les preocupa por qué los husos horarios fijan una hora diferente en otras áreas. No se cuestionan para qué sirven los códigos de área. Y tampoco se preguntan por qué el correo necesita que usemos códigos postales.

Quizá tú tampoco te habías preguntado nada acerca de los husos horarios, los códigos de área y los códigos postales. Pero ahora que sacamos el tema, ¿no sientes curiosidad? ¿Te gustaría saber más? Explora la historia de estos sistemas, descubre cómo funcionan ¡y serás un experto en algo que muy pocas personas conocen!

Confusión con los códigos

Algunas personas piensan que el código postal abarca todo lo que está en cierta zona. Pero eso no siempre es así. Un edificio que recibe una gran cantidad de correo puede tener su propio código postal, distinto del de la zona donde se encuentra.

HUSOS HORARIOS*

Hawái y Arizona no siguen el horario de verano, lo cual afecta sus husos horarios entre marzo y noviembre.

La vida antes de los códigos y los husos horarios

En el pasado, la vida en Estados Unidos era muy diferente de como es hoy. Antes de fines del siglo XIX, por ejemplo, no era común hacer viajes muy largos. Se tardaba varios días en llegar a otro pueblo o ciudad a caballo o a pie.

La hora local variaba de un pueblo a otro y de una ciudad a otra. De hecho, en toda América del Norte había más de 144 horas locales. Pero eso no importaba mucho. Bastaba con ajustar el reloj al llegar a un lugar. Era algo fácil de solucionar.

Washington D. C., 1899

viajeros en Colorado, 1901

Mediodía exacto

Antes de que se crearan los husos horarios, las localidades fijaban su propia hora según la posición del sol. Cuando el sol llegaba a su punto más alto en el cielo, era el mediodía. Todos los días, un empleado del gobierno usaba el sol para fijar la hora de su localidad.

Con el desarrollo del sistema ferroviario, se hizo más difícil manejar las diferencias horarias. Cuando las personas empezaron a viajar en tren, llegaban a lugares lejanos mucho más rápido que antes. Podían ajustar el reloj al llegar. Pero a veces llegaban a otro pueblo y se daban cuenta de que allí era mucho más temprano que en el pueblo del que habían partido. Eso daba la sensación de que el tiempo retrocedía.

Las diferencias horarias también causaban algunos problemas peligrosos en la programación de los servicios. El recorrido de los trenes debía programarse con precisión para evitar choques en las vías. Era imposible planificarlo de forma adecuada cuando cada pueblo o ciudad tenía su propia hora. Hacía falta un cambio.

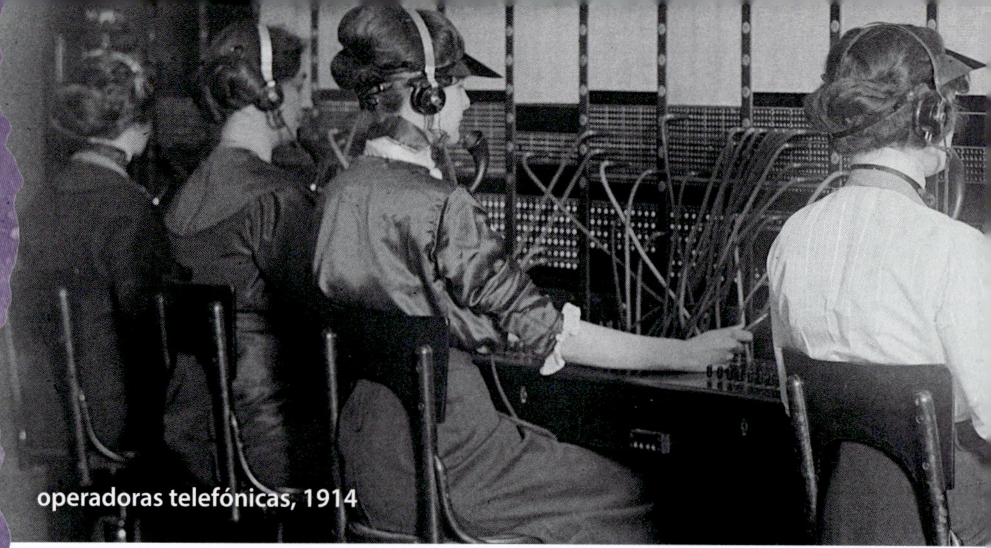

operadoras telefónicas, 1914

Llamadas a través de operadoras

Las comunicaciones también eran muy diferentes en Estados Unidos en el pasado. El teléfono se inventó en 1876. Hoy en día, usamos el teléfono todo el tiempo, y no solo para hacer llamadas. Sin embargo, hasta fines de la década de 1990, los teléfonos solo podían usarse para hablar con otras personas.

En los primeros tiempos del teléfono, se seguían varios pasos para hacer una llamada. Debías levantar el teléfono y hablar con una operadora que estaba a otro lado de la **línea**, en un **conmutador**. Le decías a qué número querías llamar. Luego, ella te conectaba con ese otro teléfono.

A principios del siglo XX, los números de teléfono empezaban con una palabra o con letras que indicaban el área. Esto se llamaba *prefijo telefónico*. El prefijo iba seguido por cuatro o cinco números que hacían que cada número de teléfono fuera único.

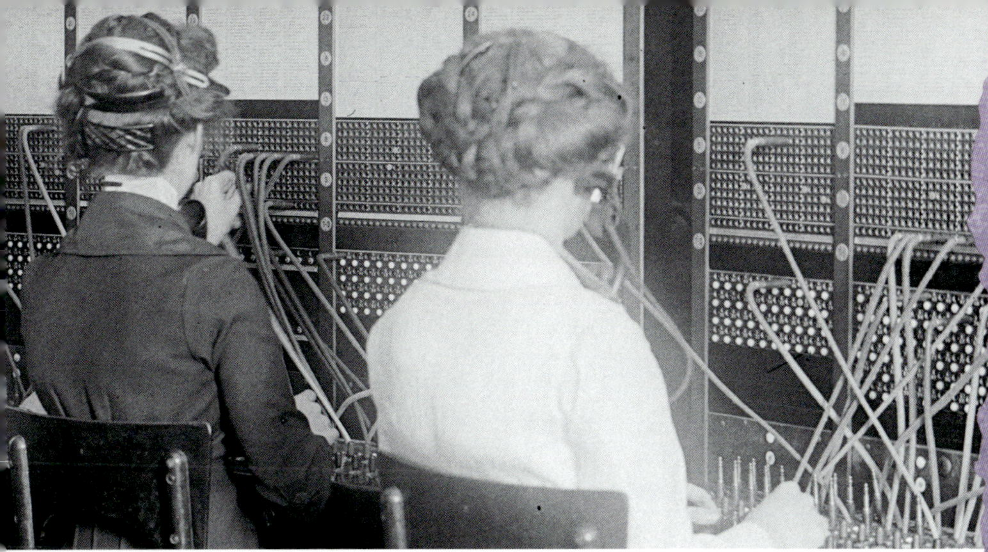

A veces, todo el asunto era un poco complicado. Las operadoras no siempre entendían lo que las personas les decían. Pero eran más útiles de lo que podía ser cualquier sistema **automatizado**. Las operadoras conocían su zona y a sus habitantes. Cuando nadie respondía a una llamada telefónica, tomaban el mensaje. Incluso intentaban llamar a otros números si sabían dónde podía estar la persona.

A medida que más personas empezaron a usar el teléfono con más frecuencia, aumentó la demanda de operadoras. Pero no había suficientes operadoras para cubrir todos los puestos de trabajo. Hacía falta un cambio.

Los números del teléfono

En 1881, había unos 49,000 teléfonos en uso en Estados Unidos. En 1948, esa cifra había aumentado a 30 millones. Hoy en día, hay unos 455 millones de teléfonos en uso en todo el país, entre **líneas fijas** y teléfonos celulares.

la primera oficina de correos pública de EE. UU., situada en Filadelfia

Crece el servicio postal

Al comienzo de la historia de Estados Unidos, las personas se comunicaban por correo. Enviaban cartas a amigos o familiares que se encontraban lejos. Pero la entrega de esa **correspondencia** no era muy confiable. Si alguien quería enviar una carta, tenía que pedirle al capitán de un barco o a otro viajero que la llevara. Las personas sabían que quizá su carta nunca llegaría a destino. A veces, hacían varias copias. Enviaban la misma carta de diferentes maneras. Así tenían más chances de que llegara.

La entrega de la correspondencia empezó a mejorar en 1775. Ese año, las **colonias** establecieron el Servicio Postal de EE. UU. Con el tiempo, los empleados del servicio postal empezaron a ser los únicos que gestionaban el correo. Lo clasificaban según el lugar adonde debía enviarse. Y lo enviaban de manera responsable. Ya en el siglo XX, el sistema procesaba más correspondencia que nunca.

Tres soldados estadounidenses clasifican la correspondencia en Francia durante la Segunda Guerra Mundial.

Pero luego comenzó la Segunda Guerra Mundial. Muchos trabajadores del servicio postal dejaron sus empleos para ir al frente de batalla. Otras personas cubrieron sus puestos. Pero no había tantos trabajadores disponibles. Y, al mismo tiempo, la cantidad de correspondencia que se enviaba era cada vez mayor.

Ese sistema estaba sobrecargado. Se necesitaba uno nuevo.

¡Correo!

En la década de 1960, el Servicio Postal de EE. UU. se ocupaba de más de 60,000 millones de **objetos postales** al año. En 2020, esa cifra había escalado a más de 129,000 millones de objetos al año.

El origen de los husos horarios

Un día de 1876 en Irlanda, un hombre llamado sir Sandford Fleming tenía que viajar, pero perdió el tren. ¿La razón? El horario de partida que estaba impreso en su billete indicaba p. m. en lugar de a. m. El hombre tuvo que pasar en la estación una noche que no habrá sido nada cómoda. Entonces, decidió terminar con ese tipo de confusiones de una vez por todas.

Primero, empezó a pensar en un sistema que les permitiera a las personas contar las horas del día de una manera diferente. Le parecía confuso contar 12 horas por la mañana y luego 12 horas por la tarde. Se le ocurrió la idea de contar el tiempo según un día de 24 horas.

Luego, Fleming llevó su idea un paso más allá. Quiso establecer una **hora estándar**, que sería la misma dentro de un mismo país o región. De ese modo, la hora ya no cambiaría de un pueblo a otro.

Los horarios de los trenes influyeron mucho en la creación de los husos horarios.

Londres, fines del siglo XIX

Gran Bretaña se sumó a esta idea en 1880. En Estados Unidos, el sistema de Fleming había tenido buena aceptación en las estaciones de trenes ya en el año 1883. Pero no fue hasta 1918 que se comenzó a usar por ley la hora estándar en todo el país. Hasta ese momento, algunas localidades mantenían su propia hora, aunque a su alrededor todo el mundo la cambiara.

Hora de cambiar

En 1900, Detroit aún mantenía su hora local de acuerdo con la posición del sol. Cuando el concejo municipal decidió que la ciudad debía pasarse a la hora estándar, la mitad de la población se negó. Detroit tardó cinco años en implementar el cambio. Durante la transición de la antigua hora a la hora estándar, en la ciudad se usó un reloj solar.

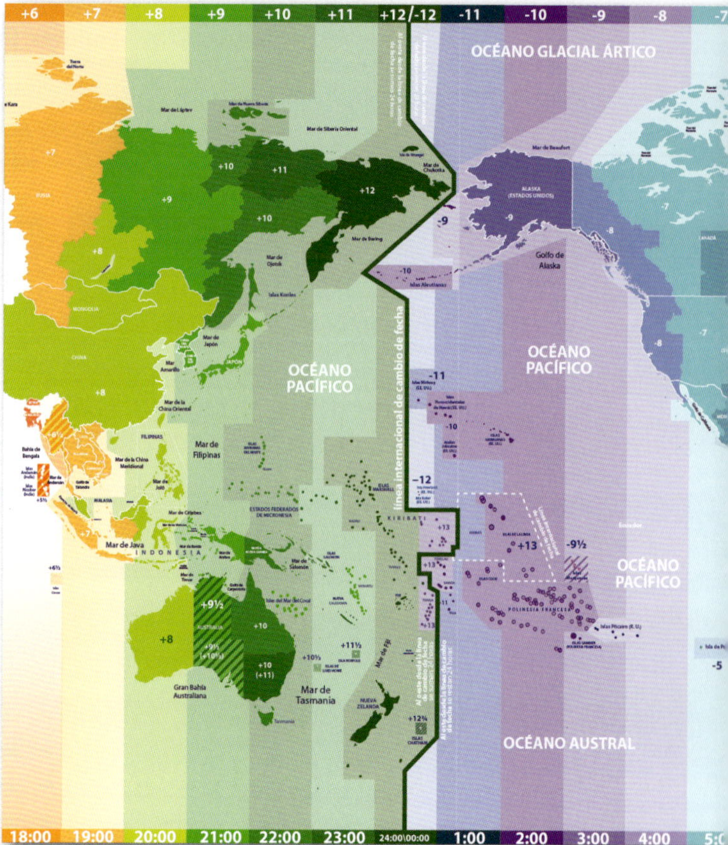

Husos horarios en acción

El sistema de Fleming hizo que registrar la hora fuera menos confuso. Fleming creó los 24 husos horarios que conocemos hoy.

Todo comenzó con el primer meridiano, una **línea de longitud** que divide el mapa del mundo y el globo terráqueo a la mitad. Fleming fijó en el primer meridiano el punto de inicio de la hora estándar. Desde allí, dividió el mundo en 24 franjas añadiendo más líneas de longitud, que van de norte a sur. Estas franjas abarcan regiones, países y estados enteros.

Cada franja tiene su propio huso horario. Cada huso horario tiene una hora de diferencia con el siguiente. Eso significa que, en todo el mundo, las personas pueden reconocer que el mediodía es la hora a la que el sol se encuentra en su punto más alto en el cielo. También significa que la hora se mantiene igual en zonas que están cerca unas de otras.

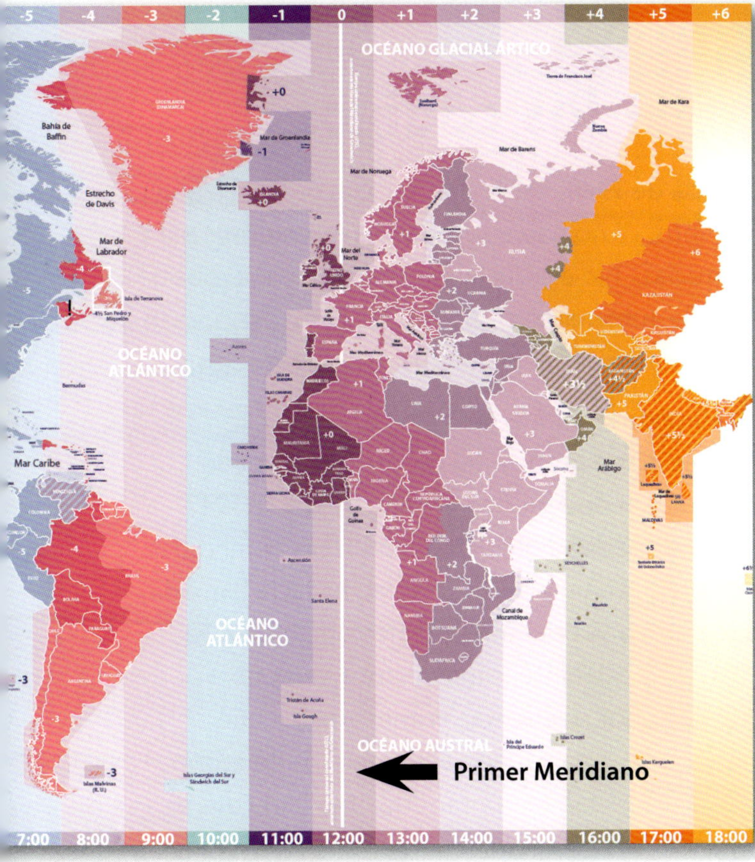

En la **parte continental de Estados Unidos**, hay cuatro husos horarios. De este a oeste, estos establecen la hora del este, la central, la de la montaña y la del pacífico. Los husos horarios de Estados Unidos también incluyen la hora de Alaska, la del Atlántico, la de Hawái-Aleutianas, la de Samoa y la de Chamorro.

Horario de verano

En la mayor parte de Estados Unidos, la hora cambia periódicamente de la hora estándar al horario de verano. Los relojes se adelantan una hora en la primavera para aprovechar al máximo las horas de luz en los meses de verano. Luego, en el otoño, los relojes se vuelven a atrasar una hora.

Descifrar los códigos

En la década de 1940, había demasiadas personas que usaban teléfonos. Y no había suficientes operadoras para hacer las llamadas. No existía la alternativa de los robots. Pero sí existía la automatización. Y si las llamadas podían automatizarse, entonces el problema estaría resuelto.

La Bell Telephone Company comenzó a trabajar en una solución. Creó un sistema de códigos llamado Plan de Numeración de América del Norte. Ya en 1947, América del Norte estaba dividida en 86 áreas numeradas, o *códigos de área*. En un principio, quien hacía la llamada telefónica le decía a la operadora a qué código de área quería llamar. Más adelante, cada persona ya pudo marcar el número por su cuenta. Primero, había que marcar el código de área y luego el número de teléfono local. Ya no se necesitaban operadoras. Las llamadas se hacían de manera automática.

conmutador automático, fines de la década de 1930

Los primeros códigos de área

Los primeros códigos de área tenían tres dígitos, igual que hoy. Pero siempre tenían un 1 o un 0 en el medio. Así era más fácil para las primeras computadoras distinguir los códigos de área y los números locales.

trabajadores del servicio de telefonía, 1979

Al principio, un solo código de área podía abarcar un estado completo. Pero hoy en día hay muchos más números telefónicos en uso. Muchas personas tienen líneas fijas además de teléfonos celulares. Los dispositivos tecnológicos, como las máquinas de fax, los relojes y las tabletas, pueden tener su propio número telefónico.

En la actualidad, hay más códigos de área que nunca y los códigos cubren regiones más pequeñas. Estados Unidos hoy tiene 335 códigos de área. Con más códigos de área, se evita que haya números telefónicos duplicados.

Llamadas computarizadas

Cuando comenzó a aplicarse la automatización de forma más generalizada, los primeros teléfonos tenían un disco de marcado. Parecía una rueda con agujeros a su alrededor. Cada agujero dejaba ver un número. La persona que llamaba hacía girar el disco para marcar el número telefónico deseado. Si la llamada era de larga distancia, también hacía falta marcar un código de área. Se oían unos clics muy característicos que hacía el disco a medida que giraba.

Hoy en día, la mayoría de los teléfonos tienen un sistema de marcado por botones. Los dos sistemas cumplen el mismo objetivo. Permiten marcar un número para hacer una llamada. En lugar de que la persona tenga que decírselos a una operadora, los números llegan a una computadora, que los lee y hace las conexiones. Así se establece la llamada.

Cuando alguien marca un código de área, la computadora recibe una señal. La computadora intercambia las conexiones y envía la llamada a la red correspondiente a ese código.

En la actualidad, se usan códigos de área para la mayoría de las llamadas, incluso para las que no son de larga distancia. Si el código de área es diferente del tuyo, debes marcarlo. El número telefónico al que estás llamando pertenece a otra red. El código de área le dirá a la computadora que haga el intercambio.

teléfono de disco

cartel en apoyo a las operadoras telefónicas de las fuerzas armadas estadounidenses, 1918

El fin de una época

Algunas de las últimas operadoras telefónicas de Estados Unidos todavía mantenían su empleo en 2014. Ese año, la tecnología finalmente tomó el control de esa tarea y AT&T eliminó los últimos puestos de trabajo de operadora.

Conocer los códigos

Cuando los trabajadores estadounidenses fueron a pelear en la Segunda Guerra Mundial, el Servicio Postal de EE. UU. se vio en problemas. Los reemplazantes no trabajaban tan rápido en la clasificación y la entrega del correo. Además, el volumen de correspondencia iba en aumento. Había cada vez más cosas que llevar.

Para estar a la altura, el servicio postal creó un sistema que serviría en ciudades grandes. Las ciudades se dividieron en zonas numeradas. Estos códigos de uno o dos dígitos se colocaban entre la ciudad y el estado en el objeto postal. Así era más fácil clasificar y enviar el correo adonde tuviera que llegar.

cartero, 1957

sala de clasificación de correspondencia en una oficina de correos, principios del siglo XX

Eso funcionó durante un tiempo. Pero luego la oficina de correos volvió a colapsar. Entre la década de 1940 y la de 1960, el volumen del correo se duplicó. Había miles de millones de objetos postales en tránsito cada año. Como los códigos postales funcionaban bien en las grandes ciudades, el servicio postal decidió expandir ese programa.

En 1963, el Plan de Mejora de la Zonificación (ZIP, por sus siglas en inglés) dividió a Estados Unidos en zonas numeradas. A cada dirección se le asignó un código postal de cinco dígitos. Con el tiempo, el uso del código postal se volvió obligatorio.

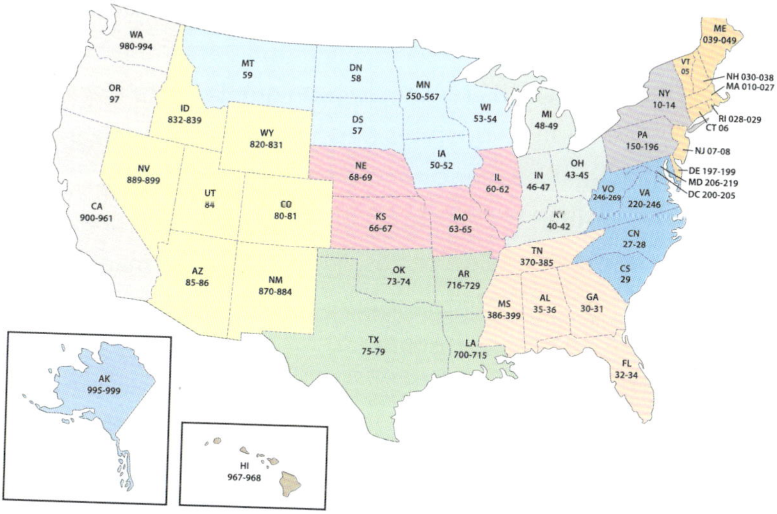

El inventor del código postal

En 1944, Robert A. Moon, que trabajaba en el Servicio Postal de EE. UU., tuvo una idea. Pensó que la oficina de correos debía usar dígitos para asignarles un código a las direcciones. Se considera que Moon es el inventor de los primeros tres dígitos del código postal estadounidense.

Leer los dígitos

Cada número de un código postal de cinco dígitos tiene un propósito. Le indica a la oficina de correos adónde debe ir el objeto postal. El primer dígito indica la región de Estados Unidos. Las regiones están numeradas de este a oeste. Por ejemplo, los códigos postales de Maine empiezan con 0, mientras que los de California empiezan con 9.

Los siguientes dos dígitos envían el correo a una oficina de correos central dentro de la región. Los últimos dos dígitos indican qué oficina de correos local debe recibir la correspondencia. Desde allí, se envía al domicilio indicado.

Antes de que se crearan los códigos postales, había trabajadores que clasificaban toda la correspondencia que llegaba a la oficina de correos. Tenían que determinar cuál era el siguiente paso del recorrido para que la carta llegara a destino. Los códigos postales permitieron automatizar esa tarea. En lugar de leer direcciones completas, los trabajadores podían teclear los códigos postales en unas máquinas clasificadoras de cartas. Hoy en día, las máquinas pueden reconocer los dígitos solas. Usan *software* de reconocimiento óptico de caracteres.

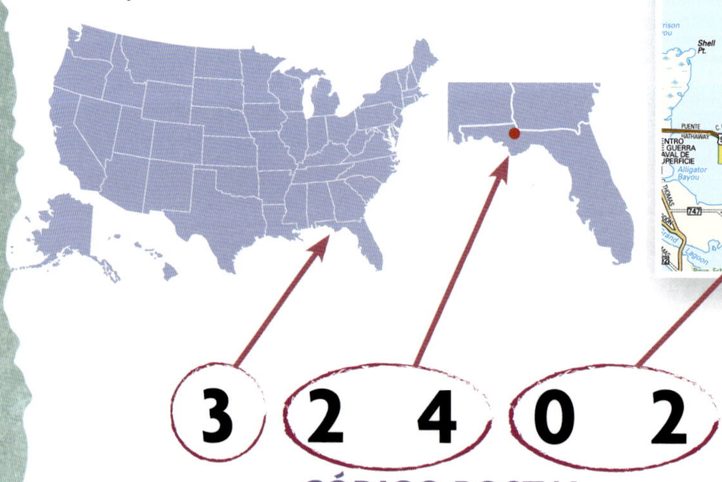

dos empleadas clasificando giros postales, 1934

trabajadores del servicio postal sentados frente a máquinas clasificadoras de cartas, 1984

Códigos postales + 4

En 1983, el Servicio Postal de EE. UU. sumó cuatro dígitos a los códigos postales. Estos dígitos indican aun con más exactitud dónde se ubica una dirección. Pero el sistema nunca terminó de consolidarse, y estos cuatro últimos dígitos siguen siendo opcionales.

Convencer a los clientes

Los husos horarios, los códigos de área y los códigos postales nos facilitan la vida de muchas maneras. Pero estos sistemas no fueron del agrado de todos apenas surgieron. En el caso de los husos horarios, por ejemplo, todos los estados de Estados Unidos se sumaron al sistema. El horario de verano se cumplió, aunque hubo resistencia. Arizona optó por dejar de aplicarlo en 1967. Hawái hizo lo mismo en 1968. Ambos estados tenían muchas horas de luz durante todo el año. Por eso decidieron que, en su caso, era innecesario tener que estar cambiando sus relojes dos veces al año. Algunos **territorios de Estados Unidos** también rechazaron el horario de verano. No lo usaron Puerto Rico, las Islas Marianas del Norte, las Islas Vírgenes de Estados Unidos, Samoa Americana ni Guam.

San Juan, Puerto Rico

Los códigos de área causaron un gran alboroto por el hecho de que los nombres de los lugares se reemplazaron por números. Muchas personas creían que los códigos eran algo frío e **impersonal**. Hoy en día, gran cantidad de personas se identifican con los números de su código de área. El código representa el lugar donde viven.

Al principio, los códigos postales también se percibieron como algo impersonal. El Servicio Postal de EE. UU. tuvo que crear anuncios para convencer a los ciudadanos de que los usaran. Llevó un tiempo que funcionaran. Pero en 1969 ya habían hecho lo suyo. Al menos el 83 por ciento de los estadounidenses ponían el código postal en su correspondencia.

Campaña publicitaria

En la década de 1960, algunos anuncios del Servicio Postal de EE. UU. mostraban a un cartero amistoso que animaba a las personas a usar los códigos postales. Otros anuncios incluían canciones sobre los códigos postales y **eslóganes** pegadizos.

¡Los números funcionan!

Gracias a los husos horarios, viajamos de manera más fácil y segura. Los códigos de área permiten que haya más números telefónicos y que podamos hacer llamadas sin la ayuda de una operadora. Gracias a los códigos postales, el correo llega más rápido adonde debe llegar.

Estos números cumplen con su propósito. Por supuesto, lograr que funcionaran bien llevó su tiempo. Se desarrollaron y se mejoraron con los años. A medida que las cosas vayan cambiando, es lógico pensar que cada sistema necesitará mejoras. De lo contrario, no podrá estar a la altura de las nuevas tecnologías y los estilos de vida modernos.

¿De dónde saldrán las ideas para hacer esas mejoras? ¡De personas como tú! Ahora ya sabes más sobre cómo funcionan los husos horarios, los códigos de área y los códigos postales. Podrás observar lo hecho en el pasado y usarlo como base para imaginar sistemas todavía mejores si se necesitan en el futuro.

Mejoras constantes

¿Hay demasiados husos horarios? Algunos científicos dicen que sí. Les gustaría fijar una misma hora para todo el mundo. Piensan que eso causaría menos confusión en todas partes, aunque implique que el sol esté en una posición distinta según el lugar en el que te encuentres.

¡Haz un mapa!

Los códigos postales ayudan a los empleados del correo a clasificar la correspondencia y entregarla en zonas específicas. Pero estos códigos no siempre tienen los mismos límites que los pueblos y las ciudades donde se usan. A veces, hay sitios destacados dentro de una ciudad o un pueblo que tienen su propio código postal. Las grandes ciudades también tienen más de un código postal. Crea un mapa del lugar donde vives para conocer más sobre los códigos postales.

1. Crea un mapa de la zona en donde vives. Dibuja lugares de referencia, como bibliotecas, tiendas y escuelas. Tu mapa debe abarcar unas pocas millas cuadradas (o kilómetros cuadrados).
2. Busca la dirección y el código postal de cada lugar de referencia. Escribe los códigos postales junto a los dibujos en el mapa.
3. Quizá descubras que en tu zona hay un solo código postal. ¿Por qué crees que es así? Piensa en la población y en otras razones.
4. Quizá descubras que la región que estás tomando en cuenta tiene varios códigos postales. Si es así, haz una lista de lugares de referencia que correspondan a cada código postal. Piensa por qué está dividida así la zona.

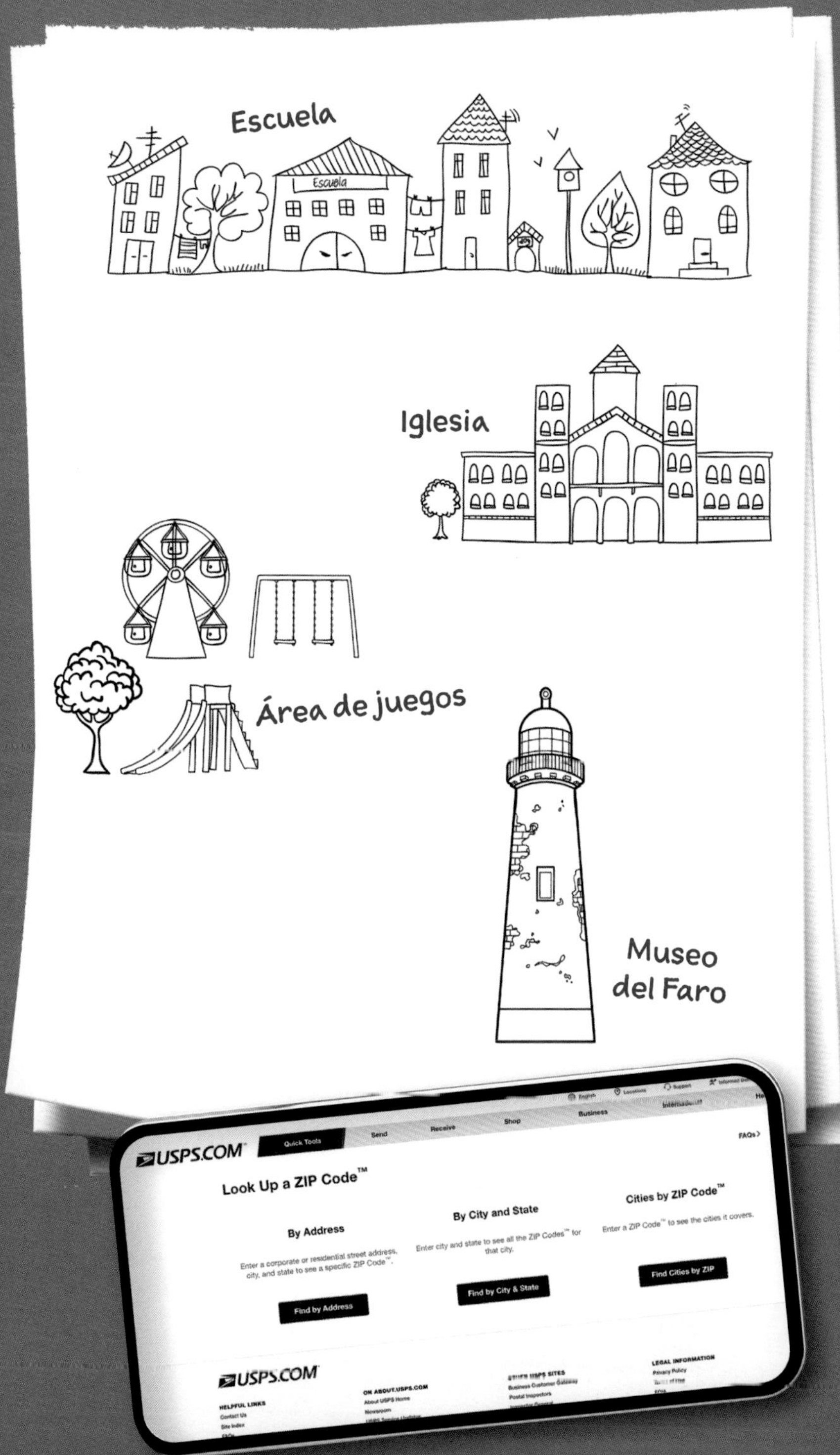
Escuela
Escuela
Iglesia
Área de juegos
Museo del Faro
USPS.COM
Quick Tools
Send
Receive
Shop
Business
FAQs
Look Up a ZIP Code™
By Address
Enter a corporate or residential street address, city, and state to see a specific ZIP Code™.
Find by Address
By City and State
Enter city and state to see all the ZIP Codes™ for that city.
Find by City & State
Cities by ZIP Code™
Enter a ZIP Code™ to see the cities it covers.
Find Cities by ZIP

Glosario

automatizado: que funciona con máquinas en lugar de necesitar intervención humana

códigos: conjuntos de letras, símbolos, etc. que identifican o dan información

colonias: áreas que controla o posee un país lejano

conmutador: un sistema que se usa para conectar llamadas con muchas líneas telefónicas instaladas en un edificio

correspondencia: las cartas y los paquetes que se envían por correo

eslóganes: palabras o frases que son fáciles de recordar y son usadas por un grupo de personas o una empresa para atraer la atención

hora estándar: la hora oficial de una región o país en particular

husos horarios: 24 zonas en que se divide la superficie terrestre de norte a sur y que tienen un mismo horario

impersonal: que no muestra ningún interés por las personas, que no tiene calidez emocional

línea: una conexión telefónica

línea de longitud: una de las líneas imaginarias que se extienden de norte a sur en los mapas y los globos terráqueos

líneas fijas: teléfonos que están conectados al sistema telefónico por cables

objetos postales: todas las cosas que se envían por correo, como cartas, paquetes, tarjetas, etc.

parte continental de Estados Unidos: los 48 estados contiguos de Estados Unidos

territorios de Estados Unidos: extensiones de tierra que se encuentran bajo la autoridad de Estados Unidos pero no son estados

Índice

automatización, 16, 18–19, 22

código(s) de área, 4, 16–18, 24–26

código(s) postal(es), 4, 20–26

computadora(s), 17–18

Detroit, 13

ferrocarril/ferroviario, 7, 13

Fleming, sir Sandford, 12–14

Gran Bretaña, 13

hora estándar, 12–15

horario de verano, 5, 15, 24

huso(s) horario(s), 4–7, 12, 14–15, 24, 26–27

líneas fijas, 9, 17

longitud, 14

mediodía, 7, 14

Moon, Robert A., 21

operadora(s), 8–9, 16, 18–19, 26

Plan de Mejora de la Zonificación, 21

primer meridiano, 14

Segunda Guerra Mundial, 11, 20

Servicio Postal de EE. UU., 10–11, 20–21, 22–23, 25

teléfono de disco, 18

teléfonos celulares, 9, 17

territorios de Estados Unidos, 24

¡Aprende más!

Sir Sandford Fleming era un hombre creativo a la hora de resolver problemas. Es cierto que se le conoce por cambiar la manera en que fijamos la hora. Pero también hizo cambios en el sistema ferroviario. Diseñó el primer sello postal de Canadá. Y hasta inventó una versión temprana de los patines en línea. Tómate un momento para aprender acerca de sir Fleming. Luego, sigue estos pasos para celebrar sus logros:

- Investiga dos o tres de sus inventos. Toma notas para describir lo que aprendiste.
- Haz un cartel que incluya la información que averiguaste. Incluye una foto de sir Fleming en el cartel.
- Haz dibujos y agrega leyendas para mostrar sus logros. Comparte tu trabajo con tus compañeros.